自然の不思議

佐藤 一志　詩集

日向山寿十郎　絵

もくじ

霜柱《しもばしら》が倒《たお》れて

霜柱は
冬の地表《ちひょう》で
冷たさに支《ささ》えられ
立ちつくしていた

けれども足もとに
南風が吹《ふ》いてくると
倒れてとけて
霜でも柱でもなくなり
冷たさも消えると

つくしは
春の地表で
暖かさに支えられ
伸《の》びはじめるのです

春の土

春の土に生えてきた
草花の葉っぱに
指でさわったら
手がやさしくなる

春の土を
はだしで踏《ふ》んだら
足のうらが
ほっこらだ

春が
ゆきわたった
ほっこら土で
草花は元気に育っている

小さな梅林《ばいりん》公園

せまい囲《かこ》いの中で
雑草たちが
両手をあげて
萌《も》えている

梅の木の枝々《えだえだ》には
初々《ういうい》しい緑の色が
葉っぱの容《かたち》で並《なら》んでいて

ぼくも
両手をあげて
宇宙《うちゅう》をあおげば
囲いのない空は
どこまでも春だった

桜《さくら》の花びら

桜の花が咲《さ》いて
花びらはもう
枝《えだ》から離《はな》れて
小川の流れに
つれだって
舞《ま》いおりていくし

ベランダの
子どものふとんに

ひとひらだけ
はりついたりもしている

花びらは
笑いながら
舞いおり
歌いながら
舞いあがり
はかなさをつれて
ひら
　ひら

花のタネ

土の中で
しゅぽっ
タネのドアがひらく

出てきた
根っこはより深く
芽は地上をめざす
一途《いちず》なタネのいのちは
　ずん！
土くれを持ちあげる

地上にお出ましの芽は
ほくほくふくらんで
白い四枚《まい》の花びら広げて

花のタネが咲《さ》いた

太陽をまわりつづける
たったのひとつ
花が咲ける惑星で

白
赤
黄
紫《むらさき》
色とりどりの
花のタネが咲きほこる

朝顔

真っ白い
朝顔が咲《さ》いている

あまりにも
しんけんに咲いているので
葉っぱは動けず

葉っぱにしがみつく
露《つゆ》もじっとしていて
朝も静かに息をしている

コスモス

コスモスの
花びらって
並《なら》びかたが
とっても上手《じょうず》だな

ピンクのうでを
前へー　ならえして
八列に並んで
円を描《えが》いてるよ

秋風が
吹《ふ》いてきたら
野原いっぱい
揺《ゆ》れて
踊《おど》って

きらきら
きらきら
星影《ほしかげ》も降《お》りてくる

秋

黄色い落葉が
ツー　ツツ　ツー
風に押されてきた路《みち》に
イガが落ちていた

ひらいてる窓《まど》から
こんがり熟《う》れた
栗《くり》の実がのぞいてる

黄色い落葉を
ツー　ツツ　ツー
押してきた風が

栗色の
まるっこい秋に
さわっていった

干《ほ》しもの

風っ子が
おおぜいでやってきて

干しものを
揺《ゆ》らしている

くつしたで
ブランコをしたり
長そでの中を
何ども通りっこして

どこかへ
走って行った

夕方—
窓《まど》がひらいて
一人ぐらしのおじさんが
乾《かわ》いた干しものを
取りこんでいる

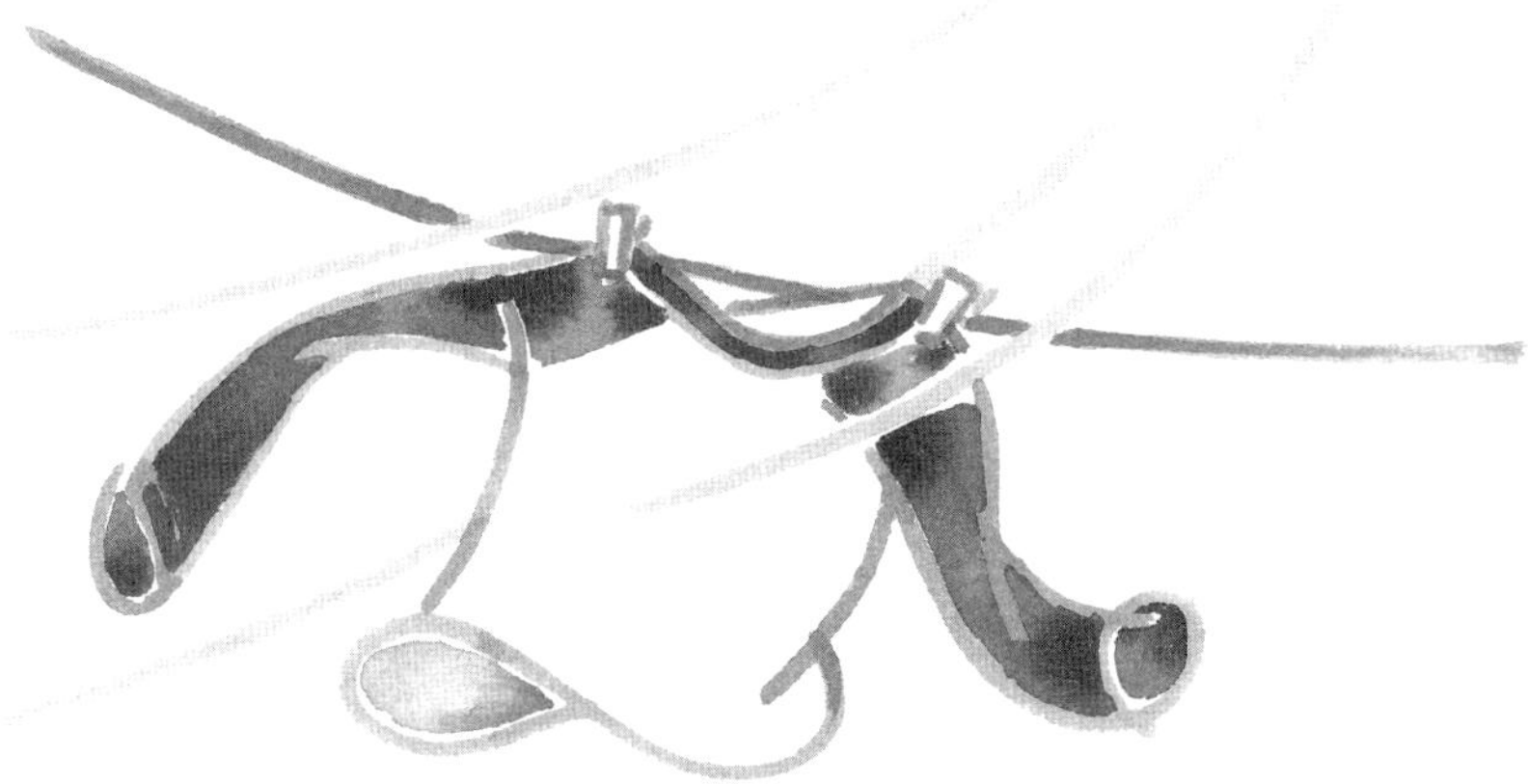

木と小鳥

木は
枝《えだ》に
小鳥をとまらせている

小鳥は
枝をけって
誇《ほこ》らしく羽ばたく

飛び立つ鼓動《こどう》を
受けとめて
枝がはずんだ
見ていたのは
空だけ

木は
いつでも
小鳥を
待っている

ちょうちょう

春のお天気にめざめて
生まれてきたのか
黄色い羽のちょうちょう

大きな羽が
　ふわふわ
ふわふわ
飛んでゆく

おっとっとっと
風の波に

おし返されてきた
でも平気　平気
空のすそから
落っこちることはない

大きな羽に
託《たく》している
憧《あこが》れもはばたいて

うねる波を
ひらり
ひらり
越《こ》えてった

質問《しつもん》

スズメに なんで
生きてるのって聞いてみた

返事はなかったけれど
石ころ道なのに
小さな目なのに
ひょい　ひょいっと
エサを見つける特技《とくぎ》がすごいよ

アリに　なんで
生きているのって聞いても
知らんぷり

広ーい地球の表面なのに
行ったり来たりする
幅《はば》しか欲《ほ》しがらず
忙《いそが》しい忙しいってエサ運び

ネコに　なんで
生きているのって聞いてみたら

きみこそ
なんで生きているのかって
パッチリひらいた目で
まばたきもせずに
じいーと見つめられた

母の遺影《いえい》

母の仏前《ぶつぜん》で
ぼくは寝《ね》ています

ふとんから
ぬけでて見ても
ひっこんでも

写真の母は
やっぱり
こっちを見ています

でも
いつまで見ていても
目も口も
動きません

ネコのボーネ

もう三日ほど
寝床《ねどこ》で横になっていた
トラもようのボーネが

もう一度
飼い主の膝《ひざ》に乗ってみたいと
決意したのか

頭から剥《は》がされるように
起き上がると
シタシタ　水を飲んで
ヨタヨタ　歩いてきて

椅子《いす》に腰《こし》かけている
脚《あし》にだきつき
登ろうとするが
もう跳《と》び上がる気力《きりょく》はない
ぼくは両手で掬《すく》いあげて
膝に乗せた

やがてボーネは
ヨタヨタ寝床にもどると
永遠《えいえん》の眠りの園《その》へ入っていった

ぼくの膝に
生きものの温《ぬく》もりを残して・・・

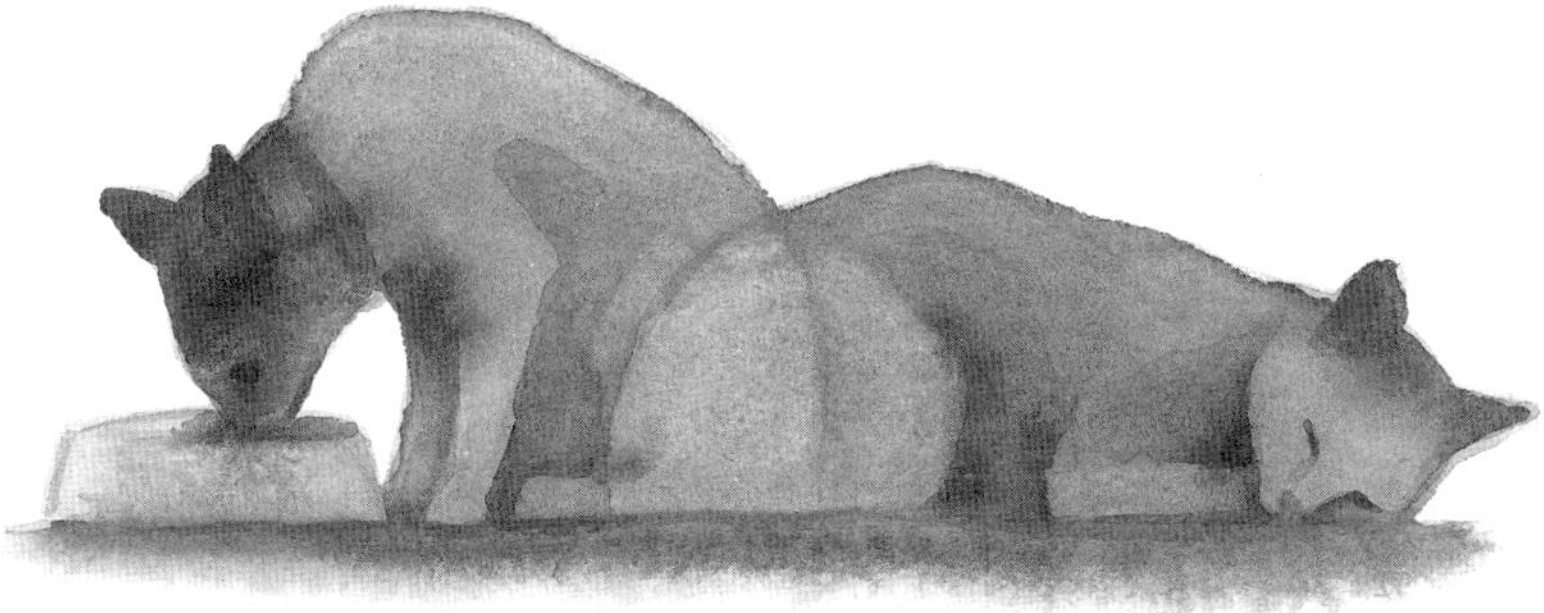

ミンミンゼミ

車が通る路上《ろじょう》で
寝《ね》っころがっている
ミンミンゼミよ

さっきまで
木の幹《みき》にしがみついて
にぎやかに歌っていたのに
一度だけの
夏の終わりを
もう知ってしまったのかい

でもここは

バスの停留所《ていりゅうじょ》だ
草むらの方へ移《うつ》しておくよと
あお向けのきみを
そっと手のひらにのせれば

ミーン
　ミンミンミンミンミー

ひと呼吸《こきゅう》ごとに
出だしの
ミーンに力をこめていた
きみの愛の歌は
まだ去らずに
木々《きぎ》の間をめぐっているよ

卵《たまご》のから

森の巣のなかで
ころっ　ころっ
寝返《ねがえ》りにもつぶれずに
かあさん鳥に
抱《だ》かれていた卵

温《あった》まっていたら
ヒナのあたまがうごき
できたてのくちばしで
コチコチ
つついてきたので
卵のからは
カシャカシャっと

割れてやった

生まれでた
くちばしの
意気ごみは　すごいよ
ありったけひろげて
たべもの　おくれ！

風が
ひゅーっとやってきて
ヒナよ　では元気でな

卵のからは
何もかもからにして
風に乗って
森の巣をあとにした

蝉《せみ》のぬけがら

八月
蝉のぬけがらが
葉っぱのしげる
木の幹《みき》につかまっておりました

背中《せなか》の
いのちの開けぐちは
内側からひらかれたままで
前の右脚《みぎあし》は

左の脚のすこし先に
歩みでたところで
ふと　止めて
安堵《あんど》のしせいで時間も止め
蝉しぐれを聞いておりました

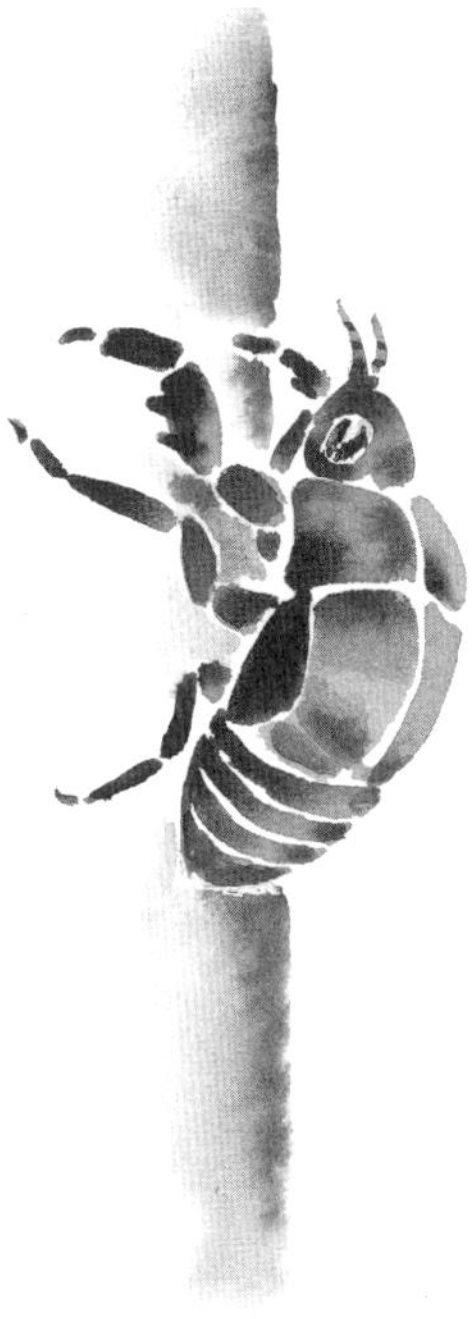

生きているほとり

駅前にあるカフェに入り
二階の窓《まど》から
広場を見ていたら

母さんが押している
ベビーカーの後を
保育園児が歩いていた

小学生が行く　中学生も行く
高校生らしい生徒たちも

子どもを真ん中にして
手をつないだ若《わか》い夫婦《ふうふ》や
杖《つえ》をついたお爺《じい》さんも歩いている

うーうーっ
救急車《きゅうきゅうしゃ》がうなる
霊柩車《れいきゅうしゃ》も
静かに静かに通ってゆく

人の一生を見てしまったような
カフェから出て
さっきまで広場を見ていた窓《まど》を
下から見上げたら

ふと
あの窓から見れば
ぼくは今
人生の何処《どこ》いらのほとりで
生きているのだろうと思いながら
空に向かって大きく深呼吸《しんこきゅう》をした

自然の不思議

自然って不思議だ
どこかで何かが動いているし
いろんな姿《すがた》になって生きている

空は―
山や町に雨や雪を降《ふ》らしたり
晴れると青空になって
見あげれば心も晴れる

春の土にはすみれが咲《さ》いて
秋は稲《いね》の穂《ほ》さきに赤とんぼ

ぼくにも
悲しいとき
うれしいときにも
出てくる涙《なみだ》があるし

心では
負けないぞと
思うこともできる

何にもないという
無《む》という状態でも
そこにだって
新しいことがはじまる
出発点があるようだ

波

くり返し寄《よ》せてくる
海の波

波の先っぽが
スルスルスー　と
陸《りく》に駆《か》け登っては
サラサラサー　と
引き返し

いつ終わることもない
岸辺の

さざ波

波は
飽《あ》きることがないものかと
沖《おき》に眼《め》を移《うつ》せば

波は
初めからあったわけではなく
静かなる海の面《おも》から

少しずつ
立ち上がってくるのだった

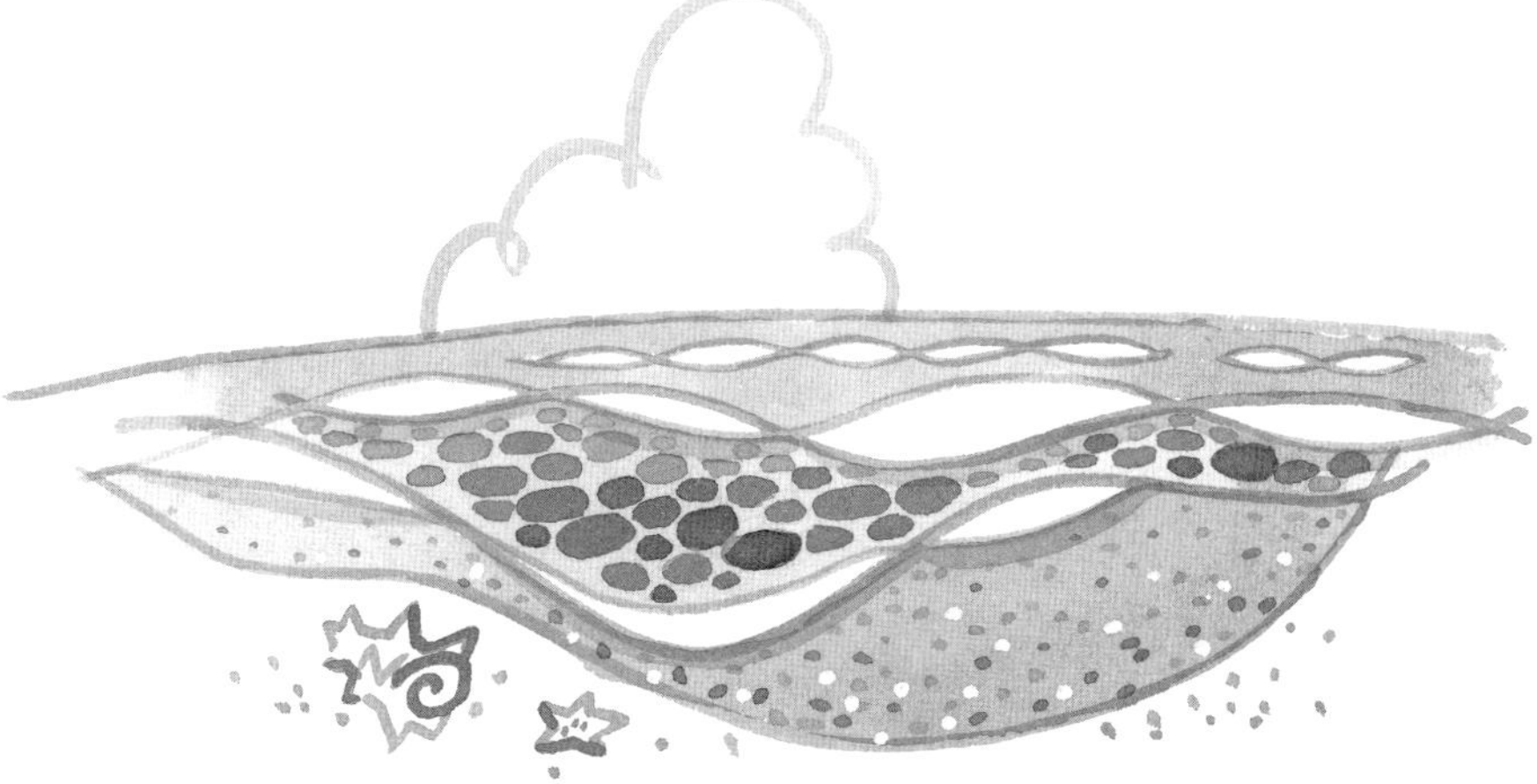

栗《くり》の実

栗の実は用心深い
渋皮《しぶかわ》でくるんで
鬼皮《おにかわ》でおおって
外側をイガで
がっしり囲《かこ》んでいて

栗の実は辛抱強《しんぼうつよ》い

風や雨に揺《ゆ》すられ
秋の陽《ひ》に照らされ
誰《だれ》にも見えないところで
熟成《じゅくせい》にはげんでいて

栗の実は決意もする

自然の深いところから
熟《う》れた知らせが届くと
自らの意思で
内側から用心の囲《かこ》いをひらく

木《こ》の葉の旅

枝《えだ》と葉っぱが
握《にぎ》ってた手を
いっしょにはなしたら

紅《あか》い葉っぱが
くるり　くるり
夕焼け空から降《お》りてきた

地面に着いたら
あれれ　裏《うら》を見せて

うつぶせになってるよ
葉っぱと
つれだって旅をした
風が見てた

うつぶせなんかじゃないさ

初めて降り立った
地球の表面《おもて》
木の葉は前を向いて
着陸してた

ふるさと

なつかしき
ふるさとの地に立てば

足は
あぜ道を歩きかけ　ふと止まる
三つ葉のクローバーにスミレも茂《しげ》り
緑のほのおが揺《ゆ》れているよ

目は
水路《すいろ》の流れに引かれてしまう

もこもこ　もこもこと
いきおいよく向かう先は
蛙《かえる》も泳ぎだした田んぼかい

心は
幼《おさな》きころを追っていく
幾年《いくとせ》も変わらぬ入道雲のように
面影《おもかげ》のなかの父と母が
その時の姿《すがた》でよみがえってくる

面影《おもかげ》のなかの風景

ぼくが小学六年生の頃《ころ》
父と母と
家族そろっての
田植えどきには
たばご*が楽しみだった

手伝いにきた叔母《おば》ちゃんたちも
あぜ道に冷えた足をのばし
味噌《みそ》でくるんで
おばんが背中《せなか》まるめて
ろばたであぶ*った
田楽《でんがく》焼《や》きめしを
旨《うま》い　旨いって食べる

馬《ま》っこも
生《は》えてきた春の若草《わかくさ》を
舌《した》でひきよせ
前歯でちぎって
旨そうにほおぼっていて

おれたちと馬っこは
同じあぜ道
同じ空の下で
たばごで腹ごしらえしながら
いよいよはじまる農作業にいどむ

遠くには雪もまばらになった
栗駒山《くりこまやま》の頂《いただき》が見えていた

＊1　たばご＝おやつ。農作業の午前十時と午後三時ごろに食べていた。
＊2　焼きめし＝焼いたおにぎり。

ありがとう

大丈夫《だいじょうぶ》ですかー

その声は
ペタルを踏《ふ》みはずして
うずくまっている
ぼくの耳に入ってきた

見あげると見知らぬ
中学生と思われる女生徒が
心配顔で見つめている

起きあがりながら
大丈夫です　ありがとう
と　言った

どこから来て
どこへ行くのだろう
遠ざかっていく少女を
目で追いながら

もう一度
ありがとうって
心のなかで言っていた

通りの店先

町はずれのくだもの店
おばちゃんが
子どもをおんぶして
みかんやりんごを並《なら》べている

右の手も左の手も一生懸命《いっしょうけんめい》に
道ゆく人の足もとを
店先にさそうかたちに
りんごの味覚《みかく》を盛《も》りつけていく

ときどき
背《せ》で眠《ねむ》る子のおしりに両手をあてて
こぼれ落ちてきそうな
いとおしさを
そっと持ち上げている

白球

ころり　ころり
どの方向へも跳《と》んで行こうとする
白くてまあるい野球ボール

バシュ！　バットをけって
夢中《むちゅう》で転がってゆく白球は
三塁《るい》手のグラブの下をぬけた！

わぁー
三塁側から上がる歓声《かんせい》
うぅー
一塁側から聞こえるため息

ふたつの感動を生みだして
緑の草原を走ってゆく

コキーン！
一瞬《いっしゅん》にして
行き先を決めた白球は
大空へ
　ぐんぐん ぐんぐんぐん
何ものにも遮《さえぎ》られずに
　ぐんぐん ぐんぐん

入った！　ホームラン・・・・

ウォーッ
スタンドから飛び出してくる
千万の笑顔の白球！

顔の表情

おかしいとき
目が笑う
口も笑う
でも鼻は笑わない

かなしいとき
目が泣いている
口も泣いている
でも鼻は泣かない

ほんとうは目や口といっしょに
笑いたいかもしれない
泣きたいかもしれない

けれども鼻は
どんな時にでも
息を止めるわけにはいかないから

顔の真ん中で
いつも変わらぬような
表情をしている

十手《じって》さばき

時代劇の捕物帳《とりものちょう》には
悪人集団《しゅうだん》と
十手もち集団が出てくる

どちらの集団にも頭《かしら》がいて
仲間同士の絆《きずな》がめっぽう強い

さらにどちらも
旨《うま》そうにご飯をたべ
旨そうに酒をのみ

真剣《しんけん》に策略《さくりゃく》をねる

ならば
悪人と十手もちは
どこが違《ちが》うのか
捕物帳は
そこのところを

だれの人生にも
ひそんでいる
まことの宝石《ほうせき》を
見失《みうしな》ったり
踏《ふ》みつけたり
奪《うば》ってしまうのか

そうではなく
失ってはならぬ
大切《たいせつ》なものとして
十手さばきで救《すく》うかだと
火花を散らしながら
演《えん》じている

王子様とお姫《ひめ》様

人通りの多い街で
車椅子《くるまいす》が通ってゆく

押《お》しているのは
お爺《じい》さん
乗っているのは
お婆《ばあ》さん

ときめく心の瞳《ひとみ》で
見初《みそ》めあってたころは

王子様であり
お姫様でありました

あれから
今年こそ　今年こそと
初めての人生を歩いてきて

気がつけば
今ではどこから見ても
すっかり　すっかりの
爺《じじい》と婆《ばばあ》になっておりました

けれども
車椅子のハンドルを

ぎゅっと握《にぎ》っている表情は
今も王子様のまま

何もかもふるいおとして
いのち　だけを
乗せているのは
お姫様でありました

樹《き》の妖精《ようせい》

風景に異変《いへん》を察知《さっち》した
樹の妖精は
朝の陽が射《さ》した一瞬《いっしゅん》に
躍《おど》り出た

—あそこだ
妖精が瞳《ひとみ》を向けた所に
小山ができている

放射能《ほうしゃのう》まみれの
校庭の土が
ショベルカーで
ぐりぐり　ぐりぐり

ワァーワァー
生徒たちが
走りまわった足あとも
ぐりぐり　ぐりぐり
削《けず》りとられた土の山だ

ううッ
樹の妖精が耳をすますと

もう学校には戻《もど》れず
行き先もふさがれた
土の山から
生徒たちの足音が
聞こえてきた

驚《おどろ》きときらめき

ぼくの
母にも父と母がいて
父にも父と母がいて
その先をどこまでも
ずーっと追っていくと
アフリカの大地を
人間に向かって歩きはじめた
二本足の獣《けもの》がいたのだ

初めて知ったときは
驚いて　きらめいて
うれしかったなあ

そこから
七百万年後の
田んぼが見える街に
よくぞ　ぼくが
生まれたものだ

生まれてみれば
太陽と木と水
魚と鳥と牛に
田んぼと稲《いね》にも
初めて出会うことばかり

初めて知ることの
驚きときらめきは
まだまだある—

夕日の向こう

夕日の向こうは
いつも朝だ

一日の時間は
朝にはじまり
昼がきて
夜になってしまう

昼が少しずつ
夜に近づいてゆくと

夕日が見えてきたので

さようなら・・・
今日《きょう》という日に
手をふったのに

夕日の向こうでは
もう朝をむかえた
山があり
川があり
街がある

蓮沼《はすぬま》先生

ぼくの心のスクリーンには
いまでも忘《わす》れられない
蓮沼先生が映《うつ》しだされる

日本が戦争に敗《やぶ》れて二年目の年に
ぼくら四年一組の担任《たんにん》で
おなご先生と呼《よ》ばれていた

昼の食事どきには
教壇《きょうだん》の机《つくえ》を食卓《しょくたく》にして

弁当箱《べんとうばこ》の麦《むぎ》ごはんを
口にいっぱいつめこんで

　もぐもぐ
　　もぐもぐ

噛《か》みしめていたのは
麦ごはんだけれども
黒板には施行《しこう》されたばかりの
日本国憲法《けんぽう》――の文字

蓮沼先生はキラキラ瞳《ひとみ》で
陽気な子どもたちを見渡《みわた》しながら

もぐもぐ

もぐもぐ

膨《ふく》らむ二つの頬《ほほ》は
教壇に咲《さ》いたひまわりのようで
木造《きづく》りの教室は明るかった

あとがき

少年詩を書くきっかけを見出したのは、心には幼い頃のシーンが残っているのに気づいたからです。とくに自然への驚異がありました。私の生まれは農家でそこそこの庭がありました。庭は冬の間中は雪におおわれていて春になると雪が解け、飼われていた馬やヤギ、鶏も歩きはじめると日に日に庭はどろんこになります。そのどろんこの土に、ある日、真新しい緑の草が生えてくるのです。これが驚きでした。冬の間中、草になるタネが土の中で眠っているとは思いもしなかったからです。

二〇〇七年に、おりしも「現代少年詩の会」が発足し、翌年の三月に詩誌「少年詩の学校・1」が発行されると私は早速投稿をはじめました。また同誌主催の〝詩のセミナー〟にも参加し、そして銀の鈴社の「子どものための少年詩集」と「掌の本」へも投稿するようになりました。詩集「自然の不思議」は、これらの詩誌に掲載された作品と「少年詩・童謡・詩論研究会」(日本児童文学者協会付設)で合評のなか完成させた作品や未発表作品とで構成しています。出版に際しまして、絵は画家の日向寿十郎氏に描いていただきました。銀の鈴社代表の西野真由美氏、編集長さんと編集部の方々にお世話になりました。皆様に心より感謝申し上げます。

二〇一八年二月

佐藤一志

佐藤一志　（さとう　ひとし）

1937年宮城県登米市生まれ。

詩集「桜の木抄」（詩人会儀 92年）「波の向こう」（日曜舎 03年）共著・エッセイと童話「真夏日に撃たれて」（原爆と文学の会 95年）アンソロジー「現代生活語詩集2016」（竹林館）など。

「みみずく」同人「詩人会議」会員「少年詩の教室」に所属

絵・日向山寿十郎　（ひなたやま　すじゅうろう）

1947年鹿児島生まれ。

幼児期に画家の叔父と、そこに寄寓していた放浪の画家、山下清氏を通し画家の存在を知る。15歳より洋画家に師事し、絵画の基礎を学ぶ。

後年、広告デザイン会社を経てグラフィックデザイナーとして独立。

1978年よりイラストレーターとして様々なジャンルの絵を手がける一方、ライフワークとしての「美人画」に新境地を開きつつある。

NDC911
神奈川　銀の鈴社　2018
80頁　21cm（自然の不思議）

ジュニアポエムシリーズ　273　　2018年2月4日発行
本体1,600円＋税

自然の不思議

著　　者　　佐藤一志©　絵・日向山寿十郎©
発 行 者　　柴崎聡・西野真由美
編集発行　　㈱銀の鈴社 TEL 0467-61-1930　FAX 0467-61-1931
〒248-0017　神奈川県鎌倉市佐助1-10-22 佐助庵
http://www.ginsuzu.com
E-mail　info@ginsuzu.com

ISBN978－4－86618－031－1　C8092　　印刷　電算印刷
落丁・乱丁本はお取り替え致します　　製本　渋谷文泉閣

…ジュニアポエムシリーズ…

1 鈴木敏史詩集 宮下琢郎・絵 星の美しい村 ★☆
2 小池知子詩集 高志孝子・絵 おにわいっぱいぼくのなまえ ★☆
3 鶴岡千代子詩集 武田淑子・絵 白い虹 児文芸新人賞
4 楠木しげお詩集 久保雅勇・絵 カワウソの帽子
5 津坂治男詩集 垣内美穂・絵 大きくなったら ★◇
6 後藤れい子詩集 山本まつ子・絵 あくたれぼうずのかぞえうた
7 北村蔦子詩集 柿本幸造・絵 あかちんらくがき
8 吉田瑞穂詩集 吉田翠・絵 しおまねきと少年 ★◇⃞◎
9 新川和江詩集 葉祥明・絵 野のまつり ★☆
10 阪田寛夫詩集 織茂恭子・絵 夕方のにおい ★◆⃞○☆
11 高田敏子詩集 若山憲・絵 枯れ葉と星 ★☆
12 原田直友詩集 吉田翠・絵 スイッチョの歌 ★◎
13 小林純一詩集 久保雅勇・絵 茂作じいさん ★◉●☆◎
14 長谷川俊太郎詩集 新太・絵 地球へのピクニック ★◎
15 与田準一詩集 深沢省三・絵 深沢紅子・絵 ゆめみることば ★

16 岸田衿子詩集 中谷千代子・絵 だれもいそがない村
17 江間章子詩集 榊原直美・絵 水と風 ◇◎
18 原田直友詩集 小野まり・絵 虹—村の風景— ★
19 福田正夫詩集 福田達夫・絵 星の輝く海 ★☆
20 草野心平詩集 長野ヒデ子・絵 げんげと蛙 ★☆○◇
21 宮田滋子詩集 青木まさる・絵 手紙のおうち ☆○
22 久保田昭三詩集 斎藤彬子・絵 のはらでさきたい
23 鶴岡千代子詩集 加倉井和夫・絵 武田淑子・絵 白いクジャク ★●
24 尾上尚子詩集 まど・みちお・絵 そらいろのビー玉 児文協新人賞 ★☆
25 水上紅詩集 深沢紅子・絵 私のすばる ☆
26 野呂昶詩集 福島二三・絵 おとのかだん ★
27 こやま峰子詩集 武田淑子・絵 さんかくじょうぎ ☆
28 青戸かいち詩集 駒宮録郎・絵 ぞうの子だって
29 まきたかし詩集 福田達夫・絵 いつか君の花咲くとき ★☆♡
30 薩摩忠詩集 駒宮録郎・絵 まっかな秋 ★☆♡

31 新川和江詩集 福島二三・絵 ヤァ!ヤナギの木 ★☆○♡
32 井上靖詩集 駒宮録郎・絵 シリア沙漠の少年 ★☆♡
33 古村徹三 詩・絵 笑いの神さま
34 江上波夫詩集 青空風太郎・絵 ミスター人類 ○☆
35 秋原秀夫詩集 鈴木義治・絵 風の記憶 ★◎
36 水村三千夫詩集 武田淑子・絵 鳩を飛ばす
37 久冨純江詩集 渡辺安芸夫・絵 風車 クッキングポエム
38 日野生三詩集 吉野晃希男・絵 雲のスフィンクス ★
39 佐藤雅子詩集 佐藤太清・絵 広瀬きよみ・絵 五月の風 ★
40 小黒恵子詩集 武田淑子・絵 モンキーパズル ★
41 木村信子詩集 山本典子・絵 でていった
42 中野栄子詩集 吉田翠・絵 風のうた ☆
43 宮田滋子詩集 牧村慶子・絵 絵をかく夕日 ★
44 大久保ティ子詩集 渡辺安芸夫・絵 はたけの詩 ★☆
45 秋原秀夫詩集 赤星亮衛・絵 ちいさなともだち ♥

☆日本図書館協会選定（2015年度で終了）　●日本童謡賞　♧岡山県選定図書　◇岩手県選定図書
★全国学校図書館協議会選定（SLA）　♡日本子どもの本研究会選定　◆京都府選定図書
□少年詩賞　■茨城県すいせん図書　♥秋田県選定図書　◇⃞芸術選奨文部大臣賞
○厚生省中央児童福祉審議会すいせん図書　♣愛媛県教育会すいせん図書　◉赤い鳥文学賞　◆⃞赤い靴賞

…ジュニアポエムシリーズ…

46 日友靖子詩集 藤城清治・安西明美・絵 猫曜日だから ◆☆
47 秋葉てる代詩集 武田淑子・絵 ハープムーンの夜に ♡
48 こやま峰子詩集 山本省三・絵 はじめのいーっぽ ★♡
49 黒柳啓子詩集 金子滋・絵 砂かけ狐 ♡
50 三枝ますみ詩集 武田淑子・絵 ピカソの絵 ☆♡●
51 夢虹二詩集 武田淑子・絵 とんぼの中にぼくがいる ♡○♥
52 はたちよしこ詩集 まど・みちお・絵 レモンの車輪 □❖
53 大岡信詩集 葉祥明・絵 朝の頌歌 ★☆♡♥◎
54 吉田瑞穂詩集 吉田翠・絵 オホーツク海の月 ★☆♡
55 さとう恭子詩集 村上保・絵 銀のしぶき ★☆♡
56 星乃ミミナ詩集 葉祥明・絵 星空の旅人 ★☆♡
57 葉祥明詩・絵 ありがとう そよ風 ★♡▲
58 青戸かいち詩集 初山滋・絵 双葉と風
59 小野ルミ詩集 和田誠・絵 ゆきふるるん ★☆●♡
60 なぐもはるき詩・絵 たったひとりの読者 ★♡❖

61 小関秀夫詩集 小倉玲子・絵 風《かざ》栞《しおり》 ★♡♥
62 海沼松世詩集 守下さおり・絵 かげろうのなか ☆♡
63 山本龍生詩集 小倉玲子・絵 春行き一番列車 ♡
64 小泉周二詩集 深沢省三・絵 こもりうた ★☆♡
65 かわてせいぞう詩集 若山憲・絵 野原のなかで ♡★♥
66 えぐちまき詩集 赤星亮衛・絵 ぞうのかばん ♡◆♥
67 池田あきつ詩集 小倉玲子・絵 天気雨 ♡
68 藤井則行詩集 君島美知子・絵 友へ ♡♤
69 藤哲生詩集 武田淑子・絵 秋いっぱい ★♠
70 日友靖子詩集 深沢紅子・絵 花天使を見ましたか ★
71 吉田瑞穂詩集 吉田翠・絵 はるおのかきの木 ★
72 小島禄琅詩集 中村陽子・絵 海を越えた蝶 ☆★♥♡
73 にしおまさこ詩集 杉田幸子・絵 あひるの子 ★
74 山下竹二詩集 徳田徳志芸・絵 レモンの木 ★
75 高崎乃理子詩集 奥山英俊・絵 おかあさんの庭 ★♡

76 檜きみこ詩集 広瀬弦・絵 しっぽいっぽん ★●□☆♡
77 たかはしけいこ詩集 高田三郎・絵 おかあさんのにおい ♡♣□
78 星乃ミミナ詩集 深澤邦朗・絵 花かんむり ♥☆♡
79 佐藤照雄詩集 津波信久・絵 沖縄 風と少年 ☆♡★
80 相馬梅子詩集 やなせたかし・絵 真珠のように ♥★
81 小島禄琅詩集 深沢紅子・絵 地球がすきだ ★
82 鈴木美智子詩集 黒澤梧郎・絵 龍のとぶ村 ◇★♥
83 いがらしれいこ詩集 高田三郎・絵 小さなてのひら ☆
84 宮入黎子詩集 小倉玲子・絵 春のトランペット ☆★
85 下田喜久美詩集 方振寧・絵 ルビーの空気をすいました ☆
86 野呂昶詩集 方振寧・絵 銀の矢ふれふれ ★
87 ちよはらまちこ詩集 ちよはらまちこ・絵 パリパリサラダ ★
88 秋原秀夫詩集 徳田徳志芸・絵 地球のうた ☆★
89 中島あやこ詩集 井上緑・絵 もうひとつの部屋 ★
90 藤川こうのすけ詩集 葉祥明・絵 こころインデックス ☆

✻サトウハチロー賞　✢毎日童謡賞
☼三木露風賞
♤福井県すいせん図書
▲神奈川県児童福祉審議会推薦優良図書
♠奈良県教育研究会すいせん図書
❖北海道選定図書　❀三越左千夫少年詩賞
◈静岡県すいせん図書
◎学校図書館図書整備協会選定図書（SLBA）

…ジュニアポエムシリーズ…

91 新井和詩集 高田三郎・絵　おばあちゃんの手紙 ☆★
92 はなわたえこ詩集 えばとかつこ・絵　みずたまりのへんじ ★●
93 柏木恵美子詩集 武田淑子・絵　花のなかの先生 ☆
94 中原千津子詩集 寺内直美・絵　鳩への手紙 ★
95 高瀬美代子詩集 小倉玲子・絵　仲なおり ★
96 杉本深由起詩集 若山憲・絵　トマトのきぶん ☆★◎ 児文芸新人賞
97 宍倉さとし詩集 守下さおり・絵　海は青いとはかぎらない ♧
98 石井英行詩集 有賀忍・絵　おじいちゃんの友だち ■
99 アサト・シェラ・絵 なかのひろ詩集　とうさんのラブレター ☆★
100 小松静江詩集 藤川秀之・絵　古自転車のバットマン
101 石原一輝詩集 加藤真夢・絵　空になりたい ☆★
102 小泉周二詩集 西真里子・絵　誕生日の朝 ☆■★
103 くすのきしげのり童謡 わたなべあきお・絵　いちにのさんかんび ☆★
104 成本和子詩集 小倉玲子・絵　生まれておいで ☆★♡♧
105 伊藤政弘詩集 小倉玲子・絵　心のかたちをした化石 ★
106 川崎洋子詩集 井戸妙子・絵　ハンカチの木 □★☆
107 柘植愛子詩集 油野誠一・絵　はずかしがりやのコジュケイ
108 新谷智恵子詩集 葉祥明・絵　風をください ☆●◇♡✣☼
109 金親尚子詩集 牧進・絵　あたたかな大地 ☆
110 黒柳啓子詩集 吉田翠・絵　父ちゃんの足音 ☆★♡□
111 富田栄子詩集 油野誠一・絵　にんじん笛 ♡☆
112 原国子詩集 高畠純・絵　ゆうべのうちに ☆△
113 宇部京子詩集 スズキコージ・絵　よいお天気の日に ○□●☆◇★
114 武鹿悦子詩集 牧野鈴子・絵　お花見 ☆□
115 山本なおこ詩集 梅田俊作・絵　さりさりと雪の降る日 ☆★
116 小林比呂古詩集 おおた慶文・絵　ねこのみち ☆
117 後藤れい子詩集 渡辺あきお・絵　どろんこアイスクリーム ☆
118 重清良吉詩集 高田三郎・絵　草の上 ☆□✿◆★
119 宮中雲子詩集 西真里子・絵　どんな音がするでしょか ✲★
120 前山敬子詩集 若山憲・絵　のんびりくらげ ☆★
121 川端律子詩集 若山憲・絵　地球の星の上で ♡
122 たかはしけいこ詩集 織茂恭子・絵　とうちゃん ♡✿♣★
123 宮田滋子詩集 深澤邦朗・絵　星の家族 ☆●
124 国沢たまき詩集 唐沢静・絵　新しい空がある
125 池田あきつ詩集 小倉玲子・絵　かえるの国 ★
126 黒田恵子詩集 倉島千賀子・絵　ボクのすきなおばあちゃん ☆★♡
127 垣内磯子詩集 宮崎照代・絵　よなかのしまうまバス ☆♡★
128 小泉周二詩集 佐藤平八・絵　太陽へ ✿★●☆♡
129 中島和子詩集 秋里信子・絵　青い地球としゃぼんだま ☆★
130 のろさかん詩集 福島一二三・絵　天のたて琴 ☆
131 加藤丈夫詩集 葉祥明・絵　ただ今受信中 ☆★
132 北原悠子詩集 深沢紅子・絵　あなたがいるから ♡
133 池田もと子詩集 小倉玲子・絵　おんぷになって ♡
134 鈴木初江詩集 吉田翠・絵　はねだしの百合 ★
135 垣内磯子詩集 今井俊・絵　かなしいときには ★

△長野県教育委員会すいせん図書　✡(財)日本動物愛護協会推薦図書
◈茨城県推奨図書

…ジュニアポエムシリーズ…

136 秋葉てる代詩集 やなせたかし・絵 おかしのすきな魔法使い ●★
137 青戸かいち詩集 永田萠・絵 小さなさようなら ✿★
138 柏木恵美子詩集 高田三郎・絵 雨のシロホン ♡★
139 藤井則行詩集 阿見みどり・絵 春だから ♡★◎
140 黒田勲子詩集 山中冬児・絵 いのちのみちを
141 南郷芳明詩集 的場豊子・絵 花時計
142 やなせたかし詩・絵 生きているってふしぎだな
143 内田麟太郎詩集 斎藤隆夫・絵 うみがわらっている
144 しまざきふみ詩集 島崎奈緒・絵 こねこのゆめ ♡
145 糸永えつこ詩集 武井武雄・絵 ふしぎの部屋から ♡
146 石坂きみこ詩集 鈴木英二・絵 風の中へ ♡
147 坂本のこ詩集 坂本こう・絵 ぼくの居場所 ♡
148 島村木綿子詩・絵 森のたまご ✿
149 楠木しげお詩集 わたせせいぞう・絵 まみちゃんのネコ ★
150 牛尾良子詩集 上矢津・絵 おかあさんの気持ち ♡

151 三越左千夫詩集 阿見みどり・絵 せかいでいちばん大きなかがみ ★
152 水村三千夫詩集 高見八重子・絵 月と子ねずみ
153 川越文子詩集 横松桃子・絵 ぼくの一歩 ふしぎだね ★
154 すずきゆかり詩集 葉祥明・絵 まっすぐ空へ
155 西田純詩集 葉祥明・絵 木の声 水の声
156 清野倭文子詩集 水科舞・絵 ちいさな秘《ひ》密《みっ》
157 川奈静詩集 直江みちる・絵 浜ひるがおはパラボラアンテナ ★◎
158 若木良水詩集 西真里子・絵 光と風の中で
159 牧陽子詩集 渡辺あきお・絵 ねこの詩 ★◎
160 宮田滋子詩集 阿見みどり・絵 愛一輪 ★◎
161 井上灯美子詩集 唐沢静・絵 ことばのくさり ☆●
162 滝波万理子詩集 滝波裕子・絵 みんな王《おう》様《さま》 ★●
163 冨岡みち詩集 関口コオ・絵 かぞえられへん せんぞさん ★
164 垣内磯子詩集 辻恵子・切り絵 緑色のライオン ★◎
165 すぎもとれいこ詩集 平井辰夫・絵 ちょっといいことあったとき ★

166 岡田喜代子詩集 おぐらひろかず・絵 千年の音 ★☆◎
167 川奈静詩集 直江みちる・絵 ひもの屋さんの空 ★◎☆♥♡
168 鶴岡千代子詩集 武田淑子・絵 白い花火 ★☆
169 井上灯美子詩集 唐沢静・絵 ちいさい空をノックノック ★◎☆
170 尾崎杏子詩集 ひなた山すじゅう郎・絵 海辺のほいくえん ☆♡★◎
171 柘植愛子詩集 やなせたかし・絵 たんぽぽ線路 ☆♡★◎●
172 小林比呂古詩集 うめざわのりお・絵 横須賀スケッチ ☆★◎♡▲
173 林佐知子詩集 串田敦子・絵 きょうという日 ☆★◎♡▲
174 後藤基宗子詩集 岡澤由紀子・絵 風とあくしゅ ☆♥★◎♡
175 土屋律子詩集 高瀬のぶえ・絵 るすばんカレー ☆♡★◎▲
176 三輪アイ子詩集 深沢邦朗・絵 かたぐるましてよ ★☆♡
177 田辺瑞美子詩集 西真里子・絵 地球賛歌 ☆★◎
178 高瀬美代子詩集 小倉玲子・絵 オカリナを吹く少女 ☆♡
179 中野惠子詩集 串田敦子・絵 コロポックルでておいで ★♡☆●
180 松井節子詩集 阿見みどり・絵 風が遊びにきている ★☆♡▲

…ジュニアポエムシリーズ…

- 181 新谷智恵子詩集 徳田徳志芸・絵 とびたいペンギン 佐世保文学賞 ♡★◎▲
- 182 牛尾良子詩集 牛尾征治・写真 庭のおしゃべり ♡★◎
- 183 三枝ますみ詩集 高見八重子・絵 サバンナの子守歌 ☆★
- 184 佐藤雅子詩集 佐藤太清・菊池治子・絵 空の牧《まき》場《ば》 ☆★♡■◎◈
- 185 山内弘子詩集 おぐらひろかず・絵 思い出のポケット ♡★●
- 186 山内弘子詩集 阿見みどり・絵 花の旅人 ♡★▲
- 187 原国子詩集 牧野鈴子・絵 小鳥のしらせ ♡★△◎
- 188 人見敬子 詩・絵 方《はこ》舟《ぶね》地球号 —いのちは元気— ♡★◎
- 189 林佐知子詩集 串田敦子・絵 天にまっすぐ ★☆♡◎
- 190 小臣富子詩集 渡辺あきお・絵 わんさかわんさかどうぶつさん ✡♡★◎
- 191 川越文子詩集 かまだちえみ・写真 もうすぐだからね ♡★◎
- 192 永田喜久男詩集 武田淑子・絵 はんぶんごっこ ☆★◎♡
- 193 吉田房子詩集 大和田明代・絵 大地はすごい ★◎♡
- 194 石井春香詩集 高見八重子・絵 人魚の祈り ★♡
- 195 石原一輝詩集 小倉玲子・絵 雲のひるね ♡
- 196 たかはしけいこ詩集 高橋敏彦・絵 そのあと ひとは ★
- 197 宮田滋子詩集 おおた慶文・絵 風がふく日のお星さま ★♡◎
- 198 渡辺恵美子詩集 つるみゆき・絵 空をひとりじめ ★♡●
- 199 宮中雲子詩集 西真里子・絵 手と手のうた ★
- 200 杉本深由起詩集 太田大八・絵 漢字のかんじ ★♡
- 201 井上灯美子詩集 唐沢静・絵 心の窓が目だったら ★♡
- 202 峰松晶子詩集 おおた慶文・絵 きばなコスモスの道 ★♡
- 203 高橋文子詩集 山中桃子・絵 八丈太鼓 ★♡
- 204 長野貴子詩集 武田淑子・絵 星座の散歩 ★♡
- 205 江口正子詩集 高見八重子・絵 水の勇気 ♡☆★
- 206 藤本美智子 詩・絵 緑のふんすい ☆♡★
- 207 林佐知子詩集 串田敦子・絵 春はどどど ♡★◎
- 208 小関秀夫詩集 阿見みどり・絵 風のほとり ☆♡★
- 209 宗美津子詩集 宗信寛・絵 きたのもりのシマフクロウ ♡★
- 210 かわてせいぞう詩集 高橋敏彦・絵 流れのある風景 ☆♡★
- 211 土屋律子詩集 高瀬のぶえ・絵 ただいまぁ ★♡☆◎
- 212 永田喜久男詩集 武田淑子・絵 かえっておいで ☆♡★
- 213 みたみちこ詩集 牧進・絵 いのちの色 ♡★
- 214 糸永えつこ詩集 糸永わかこ・絵 母です 息子です おかまいなく ♡☆★
- 215 宮田滋子詩集 武田淑子・絵 さくらが走る ♡☆★●
- 216 柏木恵美子詩集 吉野晃希男・絵 ひとりぼっちの子クジラ ♡★◎
- 217 江口正子詩集 高見八重子・絵 小さな勇気 ♡☆★
- 218 井上灯美子詩集 唐沢静・絵 いろのエンゼル ★♡
- 219 中島あやこ詩集 日向山寿十郎・絵 駅伝競走 ★☆♡
- 220 高橋孝治詩集 高見八重子・絵 空の道 心の道 ★♡
- 221 江口正子詩集 日向山寿十郎・絵 勇気の子 ♡☆★
- 222 宮田滋子詩集 牧野鈴子・絵 白鳥よ ☆★
- 223 井上良子詩集 銅版画 太陽の指環 ★
- 224 川越文子詩集 山中桃子・絵 魔法のことば ♡☆★
- 225 西本みさこ詩集 上司かのん・絵 いつもいっしょ ☆♡

…ジュニアポエムシリーズ…

226 おばらいちこ詩集 髙見八重子・絵 ぞうのジャンボ ☆★♡
227 吉田房子詩集 本田あまね・絵 まわしてみたい石臼 ★♡
228 吉田房子詩集 阿見みどり・絵 花 詩 集 ★♡◎
229 田中たみ子詩集 唐沢静・絵 へこたれんよ ★◎
230 林佐知子詩集 串田敦子・絵 この空につながる ★♡
231 藤本美智子 詩・絵 心のふうせん ★♡
232 火星雅範詩集 西川律子・絵 ささぶねうかべたよ ★♡▲
233 吉田房子詩集 岸田歌子・絵 ゆりかごのうた ★♡
234 むらかみみちこ詩集 むらかみみちこ・むらかみあくる・絵 風のゆうびんやさん ★♡
235 白谷玲花詩集 阿見みどり・絵 柳川白秋めぐりの詩 ★♡
236 ほさかとしこ詩集 内山つとむ・絵 神さまと小鳥 ★☆♡
237 内田麟太郎詩集 長野ヒデ子・絵 まぜごはん ☆★◎♡▲
238 小林比呂古詩集 出口雄大・絵 きりりと一直線 ♡★
239 牛尾良子詩集 おぐらひろかず・絵 うしの土鈴とうさぎの土鈴 ★◎♡
240 山本純子詩集 ルイコ・絵 ふ ふ ふ ★♡☆◎

241 神田亮 詩・絵 天使の翼 ★☆♡
242 かんざわみえ詩集 阿見みどり・絵 子供の心大人の心さ迷いながら ☆★◎▲
243 永田喜久男詩集 内山つとむ・絵 つながっていく ★☆♡
244 浜野木碧 詩・絵 海原散歩 ☆★◎♡
245 やまうち・しゅうへい詩集 山本省三・絵 風のおくりもの ☆★◎♡
246 すぎもとれいこ 詩・絵 てんきになあれ ★◎
247 冨岡みち詩集 加藤真夢・絵 地球は家族 ひとつだよ ♡☆◎★
248 北野千賀詩集 滝波裕子・絵 花束のように ♡☆★◎
249 石原一輝詩集 加藤真夢・絵 ぼくらのうた ♡★◎
250 土屋律子詩集 高瀬のぶえ・絵 まほうのくつ ♡☆★◎
251 津坂治男詩集 井上良子・絵 白い太陽 ☆♡★◎
252 石井英行詩集 よしだちなつ・表紙絵 野原くん ☆★♡◎▲
253 井上灯美子詩集 唐沢静・絵 たからもの ☆♡★
254 大竹典子詩集 加藤真夢・絵 おたんじょう ☆★
255 たかはしけいこ詩集 織茂恭子・絵 流 れ 星 ★♡

256 谷川俊太郎詩集 下田昌克・絵 そ し て ♡★◎
257 なんば・みちこ詩集 布下満・絵 トックントックン 大空で大地で ★◎
258 宮本美智子詩集 阿見みどり・絵 夢の中に そっと ★◎♡
259 成本和子詩集 阿見みどり・絵 天使の梯子 ★◎
260 海野文音詩集 牧野鈴子・絵 ナンドデモ ★♡
261 熊谷本郷詩集 永田萠・絵 かあさん かあさん ★♡
262 大楠翠詩集 吉野晃希男・絵 おにいちゃんの紙飛行機 ★♡●
263 久保恵子詩集 たかせちなつ・絵 わたしの心は 風に舞う ★♡
264 みずかみさやか詩集 葉祥明・絵 五月の空のように ★♡
265 尾崎昭代詩集 中辻アヤ子・絵 たんぽぽの日 ★
266 はやしゆみ詩集 渡辺あきお・絵 わたしはきっと小鳥 ★
267 田沢節子詩集 永田萠・絵 わき水ぷっくん △★♡
268 柘植愛子詩集 そねはらまさえ・絵 赤いながぐつ ★♡
269 馬場与志子詩集 日向山寿十郎・絵 ジャンケンポンでかくれんぼ ♡
270 内田麟太郎詩集 高畠純・絵 たぬきのたまご

…ジュニアポエムシリーズ…

271 むらかみみちこ 詩・絵 家族のアルバム

272 井上和子詩集 吉田瑠美・絵 風のあかちゃん

273 佐藤一志詩集 日向山寿十郎・絵 自然の不思議

274 小沢千恵 詩・絵 やわらかな地球

275 あべこうぞう詩集 大谷さなえ・絵 生きているしるし

276 宮田滋子詩集 田中槇子・絵 チューリップのこもりうた

277 林佐知子詩集 葉祥明・絵 空の日

278 石谷陽子詩集 髙見八重子・絵 ゆれる悲しみ

*刊行の順番はシリーズ番号と異なる場合があります。


ジュニアポエムシリーズは、子どもにもわかる言葉で真実の世界をうたう個人詩集のシリーズです。

本シリーズからは、毎回多くの作品が教科書等の掲載詩に選ばれており、1974年以来、全国の小・中学校の図書館や公共図書館等で、長く、広く、読み継がれています。

心を育むポエムの世界。

一人でも多くの子どもや大人に豊かなポエムの世界が届くよう、ジュニアポエムシリーズはこれからも小さな灯をともし続けて参ります。

銀の小箱シリーズ

葉 祥明 詩・絵　小さな庭
若山 憲 詩・絵　白い煙突
こばやしひろこ・詩 うめざわのりお・絵　みんななかよし
江口 正子・詩 油野 誠一・絵　みてみたい
やなせたかし 詩・絵　あこがれよなかよくしよう
冨岡 みち・詩 関口 コオ・絵　ないしょやで
小林比呂古・詩 神谷 健雄・絵　花かたみ
小泉 周二・詩 辻 友紀子・絵　誕生日・おめでとう
柏原 耿子・詩 阿見みどり・絵　アハハ・ウフフ・オホホ★♡▲
こばやしひろこ・詩 うめざわのりお・絵　ジャムパンみたいなお月さま★▲

銀の鈴文庫

小沢 千恵・詩 下田 昌克・絵　あのこ

すずのねえほん

たかはしけいこ・詩 中釜浩一郎・絵　わたし★◎
尾上 尚子・詩 小倉 玲子・絵　ぽわぽわん
糸永えつこ・詩 高見八重子・絵　はるなつあきふゆもうひとつ★児文芸新人賞
山口 敦子・詩 高橋 宏幸・絵　ばあばとあそぼう
あらい・まさはる・童謡 しのはらはれみ・絵　けさいちばんのおはようさん
佐藤 雅子・詩 佐藤 太清・絵　こもりうたのように●日本童謡賞
美しい日本の12ヵ月
柏木 隆雄・詩 やなせたかし他・絵　かんさつ日記★♡

アンソロジー

渡辺 浦人・編 村上 保・絵　赤い鳥 青い鳥●
わたげの会・編 渡辺あきお・絵　花ひらく★
木曜会・編 西 真里子・絵　いまも星はでている★
木曜会・編 西 真里子・絵　いったりきたり♡
木曜会・編 西 真里子・絵　宇宙からのメッセージ
木曜会・編 西 真里子・絵　地球のキャッチボール★◎
木曜会・編 西 真里子・絵　おにぎりとんがった☆★◎
木曜会・編 西 真里子・絵　みぃーつけた♡★◎
木曜会・編 西 真里子・絵　ドキドキがとまらない
木曜会・編 西 真里子・絵　神さまのお通り★
木曜会・編 西 真里子・絵　公園の日だまりで★♡
木曜会・編 西 真里子・絵　ねこがのびをする♡★

掌の本 アンソロジー

こころの詩 Ⅰ
しぜんの詩 Ⅰ
いのちの詩 Ⅰ
ありがとうの詩 Ⅰ
詩集 希望
詩集 家族
いのちの詩集―いきものと野菜
ことばの詩集―方言と手紙
詩集―夢・おめでとう
詩集―ふるさと・旅立ち

心に残る本を　そっとポケットに　しのばせて…
・A7判（文庫本の半分サイズ）　・上製、箔押し